LES

ARABES MARTYRS

ÉTUDE

SUR L'INSURRECTION DE 1871 EN ALGÉRIE

PAR

LOUIS SERRE

EX-VOLONTAIRE

Summum jus, summa injuria.

PARIS

E. LACHAUD, ÉDITEUR

Place du Théâtre-Français, 4

1873

LES

ARABES MARTYRS

ÉTUDE

SUR L'INSURRECTION DE 1871 EN ALGÉRIE

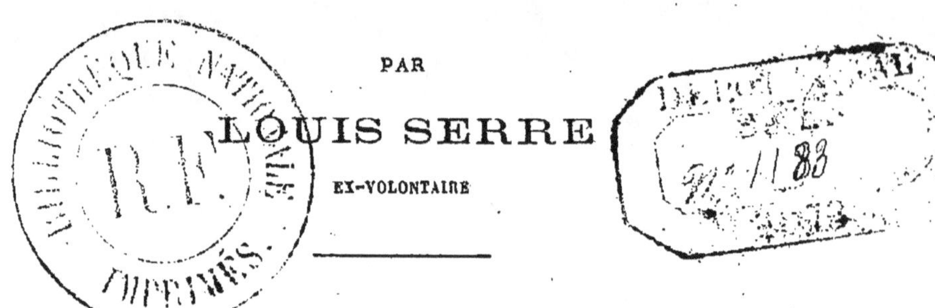

PAR

LOUIS SERRE

EX-VOLONTAIRE

Summum jus, summa injuria.

PARIS
E. LACHAUD, ÉDITEUR
Place du Théâtre-Français, 4

1873

A JULES LESSORRE

L'AUTEUR RECONNAISSANT

LA

VÉRITÉ SUR L'ALGÉRIE

Summum jus, summa injuria.

I.

La Révolte de l'Algérie.

L'insurrection algérienne qui a éclaté en mars 1871 est aujourd'hui complétement domptée, et l'autorité, armée de cette arme à deux tranchants que l'on nomme la *légalité*, ne fait plus que rechercher les coupables pour les punir. C'est ainsi qu'il y a peu de jours, un débat s'est élevé au sein du gouvernement au sujet du caïd Ben-Ali-Chériff, l'ancien bachaga de la vallée de l'Oued-Sébaou, l'homme puissant et sérieux que tout Africain connaît. Le parquet d'Alger voulait le faire incarcérer en raison de la participation qu'il avait prise à l'insurrection de 1871. Le gouverneur général, amiral Comte de Gueydon, jugeant qu'en raison des services immenses qu'il avait rendus à la colonne expéditionnaire après sa soumission, le caïd avait droit à ne pas être inquiété, le gouverneur, dis-je, s'opposa à l'arrestation, et le conflit fut porté devant le conseil des ministres pour y être tranché. Le gouvernement donna raison au procureur général, et l'arrestation vient d'avoir lieu tout dernièrement à Alger.

Certes, nous sommes trop plein de respect envers la justice pour vouloir entraver son action ou faire suspecter ses sentences; mais ce respect dû aux lois ne peut nous empêcher de dire bien haut ce que nous savons du caractère et de la conduite de l'homme illustre dont il s'agit. Il ne peut nous empêcher de faire savoir exactement à ceux qui l'ignorent quelle était en 1871 l'importance de la révolte en Algérie et combien Ali, après sa soumission volontaire, nous a aidés à la dompter. Je commence donc, avec franchise, ce triste exposé de nos luttes et de nos fautes.

Pendant la guerre contre la Prusse, les Arabes n'avaient pas profité de l'emploi de toutes nos forces en Europe. Ils avaient, au contraire, fourni dans les spahis et dans les tirailleurs de nombreux contingents, qui luttèrent héroïquement à l'ombre de notre drapeau. Et pourtant l'occasion était belle pour eux de prêcher la guerre sainte; c'était l'heure où Paris était cerné et bombardé; où nos armées de province luttaient avec peine et comme avec désespoir ! Il n'y avait plus en Algérie, comme troupes, que les milices des villes et quelques bataillons de mobiles, avec lesquels il ne fallait pas songer à entreprendre une longue expédition ; le personnel des bureaux arabes avait été complétement renouvelé ; les titulaires avaient tous rejoint leurs régiments ; ils avaient été remplacés par des officiers de la garde mobile, choisis sans doute parmi les plus intelligents et les plus sérieux, mais n'ayant pas l'habitude des Arabes, ne connaissant qu'imparfaitement leurs mœurs, leurs coutumes, leur langage ! et je n'hésiste pas à dire hautement que si l'insurrection arabe avait éclaté pendant la guerre avec la Prusse, nous nous serions trouvés en présence de difficultés tellement inextricables que l'on ne sait pas vraiment ce qu'il en fût advenu !

Le désarmement ordonné par l'amiral de Gueydon a fait rentrer dans les arsenaux de l'État 80,000 fusils; il en est resté certainement un aussi grand nombre d'enfouis dans les montagnes. La situation aurait été terrible et l'Algérie, cette terre arrosée de tant de généreux sang français, nous échappait peut-être pour toujours. Heureusement, la révolte n'éclata pas à ce moment. La Providence avait trouvé la couronne d'épines de la France déjà trop lourde et trop sanglante et lui épargnait ce nouveau surcroît!

Pourquoi donc les Arabes n'ont-ils pas saisi avidement cette occasion si magnifique? Pourquoi ont-ils tergiversé jusqu'au jour où, la paix étant signée, notre armée devenait libre pour se tourner contre eux? La question est assez grave pour être étudiée par le menu. Nous déduirons, du reste, toutes les véritables causes de l'insurrection lorsque nous parlerons de Ben-Ali-Chériff. Pour le moment, contentons-nous de dire que, sans la naturalisation des Juifs par le décret Crémieux, et sans les événements de la Commune, la révolte n'eût point eu lieu, et, en tout cas, n'eût point acquis le caractère effroyable et universel qu'elle a montré.

Il faut connaître, en effet, quelles gens

sont ces Israélites ou Juifs Maures d'Algérie, pour comprendre la perturbation profonde qu'un pareil décret devait apporter dans cette société algérienne, qui ne se soutient que par un miracle d'équilibre et dont les éléments sont encore dans le chaos. A tort ou à raison, les Juifs sont méprisés des Arabes; presque tous riches, ils pratiquent l'usure sur une échelle très-développée, et ce commerce assez malpropre n'est pas fait pour leur conquérir la sympathie des indigènes musulmans. Ils sont mous, lâches, efféminés: accroupis tout le long du jour derrière leurs comptoirs, ils ne songent qu'à thésauriser; les Arabes prétendent qu'ils ont peur de la poudre et des chevaux lancés au galop : ils ont pour eux un dédain invincible, et si vous voulez humilier un Arabe, même de la dernière classe, vous n'avez qu'à l'appeler Juif! Il se redresse avec colère, et relevant avec dignité les plis de son misérable burnous, il se retire gravement offensé!

M. Crémieux appartient, hélas, à cette école philosophique qui fait des lois au nom de principes abstraits, spéculatifs, sans tenir le moindre compte de la réalité des faits.

Au premier cri de guerre avec la Prusse, toutes les tribus ont envoyé leurs enfants valides grossir nos contingents. Les familles aristocratiques ont été les premières à s'enrôler, et, malgré les affirmations malignes de l'honorable M. Lucet, que son zèle démocratique emporte, je me fais fort ici de prouver que les chefs indigènes ont donné l'exemple du dévouement à la France !

Maintenant, quelle a été la conduite de ces vaillants volontaires pendant la lutte que la France a soutenue sur son propre sol ? M. Warnier l'a dit l'autre jour à la tribune de l'Assemblée avec une émotion qui lui fait le plus grand honneur : sur vingt mille Arabes qui sont venus combattre sous notre drapeau, dix mille sont tombés sur les champs de bataille, tant à Reischoffen qu'à Sedan et à Orléans ! Et c'est en présence d'un pareil sacrifice, c'est au moment même où ces enfants perdus jonchaient notre sol de leurs cadavres, qu'un décret paraît à *l'Officiel*, naturalisant tous les Juifs, leur donnant le titre et les droits de citoyens français ! Oui, je le dis hautement, ce fut plus qu'une mesure maladroite, ce fut une ingratitude noire, presqu'une infamie ! Que ceux qui connaissent l'Algérie, non point pour l'avoir traversée en touristes, mais pour avoir étudié patiemment ses mœurs, ses tribus diverses et leur vie propre, que ceux-là, dis-je, se lèvent et viennent réfuter mon assertion !

Aujourd'hui que l'avenir de notre belle colonie se trouve encore une fois remis en question, administrativement parlant, il est urgent d'assigner à chacun son rôle ainsi que la responsabilité qui lui incombe pour les désastres passés. Le dossier des vainqueurs est plus lourd que celui des vaincus, et les Arabes sont dignes de la plus grande compassion. Pour le prouver, j'esquisserai tout d'abord à grands traits les diverses phases de la révolte, puis je dirai sans hésitation quelles sont les causes réelles qui l'ont fait éclater. A la suite de ces explications, j'espère que les gens honnêtes et de bonne foi auxquels est confiée la direction de l'Algérie sauront prendre leurs précautions pour l'avenir et qu'en même temps, convaincus de leurs erreurs et de leurs fautes, ils ne se montreront plus aussi acharnés dans la répression !

I

Campagne du général Lallemand

Comme l'amiral de Gueydon l'a fort bien dit, ce furent la naturalisation des Juifs et les audaces impunies de la presse radicale qui poussèrent les Arabes à se révolter contre la France, pour laquelle ils venaient de répandre leur sang en Europe ! Je prie le lecteur de remarquer combien cette cause est bien effectivement la véritable, puisqu'au lendemain même de la nomination de M. Crémieux comme député d'Alger (nomination due entièrement aux Juifs), le gouverneur général n'hésite pas à déclarer, dans le *rapport officiel* adressé à M. Thiers, que l'acte de naturalisation des Israélites a été et est encore un acte fatal !

Si les Arabes furent longs à faire une levée de boucliers décisive, en revanche, ils s'entendirent parfaitement à se dédommager du temps perdu. La rage la plus affreuse semblait s'être emparée d'eux. Excités par les marabouts, ils descendaient des montagnes en nombreuses djemâas pour cerner les forts, brûler les villages et les fermes isolées, trop souvent, hélas! avec les malheureux colons qui s'y étaient laissé surprendre et qui payaient ainsi de leur vie, par un juste retour des choses, leurs insolences et leurs mépris envers les indigènes. On peut dire d'une façon générale que, depuis l'Alma jusqu'au fort Napoléon, il n'est pas une maison de construction française qui soit restée debout, excepté à l'intérieur des enceintes fortifiées. Tout ce qui était en plein champ a été brûlé, démoli pierre par pierre, avec l'art le plus consommé de destruction. Que ces incendies retombent sur la tête de ceux qui les ont provoqués!

Le chef suprême de la révolte était le bachaga de la Medjana, el Mokrani, le chef de cette grande famille des Mokrani qui prétend descendre d'un Montmorency, gentilhomme français, égaré dans ces pays à la suite de la croisade malheureuse de saint Louis. C'est ce même cavalier qui s'est trouvé parmi les morts au combat sanglant de l'Oued Soufflat, livré par le général Cérez, dans la vallée du Sahel. Soutenu par le cheick el Haddad, el

Mokrani avait soulevé la Kabylie tout entière. La terreur était partout, jusque dans Alger. On avait bien concentré à la hâte à l'Alma, sur la route des Issers, quelques milices urbaines, qui livrèrent même quelques petits combats assez glorieux, mais il était impossible d'entreprendre avec elles une campagne lointaine.

La situation s'aggravait chaque jour, malgré les efforts d'Ali-Chériff, qui modérait la colère des révoltés et qui avait pris sous sa protection personnelle tous les colons prisonniers. Le général Cérez fut envoyé du côté de Dra-el-Mizan avec une colonne formée à la hâte du 4e zouaves et de quelques bataillons de marche; mais ce qu'il importait avant tout de soumettre, c'était ce pâté montagneux de la Grande-Kabylie au milieu duquel se dresse le fort Napoléon. Cette lutte contre les Beni-Retene et les Zouaouas ne pouvait être entreprise que par des troupes solides et expérimentées.

Dans ce but, on forma, au camp de Sortosville, dans la Manche, un bataillon solide, uniquement composé d'anciens zouaves, prisonniers de guerre, glorieux débris de Wœrth, de Frœschviller et de Sedan. On leur donna pour chefs des officiers sérieux, rentrant d'Allemagne, et on les dirigea en toute hâte sur Alger.

On fit de même pour deux bataillons de chasseurs à pied, le 27e et le 21e; on leur adjoignit deux bataillons du 80e de ligne, deux bataillons de tirailleurs, et, le lundi 8 mai, toutes ces troupes diverses étaient réunies au camp de l'Alma, sous les ordres du général Lallemand, un vieil Africain, plein d'expérience. La colonne ne comprenait que trois ou quatre mille combattants, deux batteries de campagne, deux escadrons de cavalerie et un maigre convoi. Sans hésiter une seconde, sans attendre du renfort, Lallemand partit tête baissée, et le lendemain mardi 9 mai, à 3 heures de l'après-midi, la colonne était campée au col des Beni-Aïcha, qui donne accès dans la Grande-Kabylie.

La tâche qu'il s'agissait d'entreprendre était bien ardue; le maréchal Randon, avec des forces immenses, avait failli se briser contre elle. Mais le courage des troupes et l'intelligence du général devaient en triompher. Le plan de ce dernier fut de démembrer l'insurrection et d'isoler complétement les tribus guerrières qui bloquaient le fort Napoléon. Pour y arriver, il livra un premier combat sous les murs du bordj Tisi-Ouzou, le dégagea complétement et y fit entrer un fort convoi de ravitaillement venu d'Alger. Puis, il partit pour Dellys et, après plusieurs combats dans la montagne, parvint également à le débloquer.

Par cette première pointe en avant, les derrières de la colonne étaient assurés; les vivres et les munitions débarquaient à Dellys, et, la route étant libre par Rebbeval et Azib-Zamoum jusqu'à Tisi-Ouzou, ce dernier point devenait un centre de ravitaillement, duquel la colonne pouvait rayonner dans tous les sens.

Le 20 mai, à cinq heures du matin, commença l'exécution du plan conçu par le général : la colonne quitta Dellys et entra dans les montagnes qui forment la Kabylie du bord de la mer, comprise entre le littoral et le fleuve de l'Oued-Sébaou. Divers combats furent livrés à Souk-el-Etnim, Tleta-Flissas-el-Bahr, Aït-Timazin, et, le 26, on redescendit dans la plaine, vers le gros village de Temda. Toutes les tribus de cette contrée avaient fait leur soumission. Le général envoya quatre bataillons pour brûler le célèbre village de Djemâa-Saharidj, situé sur la rive gauche du Sébaou, et où un grand nombre de révoltés étaient réunis. Cette expédition réussit parfaitement, malgré la pluie qui tomba vers le soir, et la colonne, fatiguée par ces dix jours de combats et de marches forcées, rentra à Tisi-Ouzou le 30 mai, afin d'y trouver des vivres frais et des renforts.

Je dirai incidemment que ce fut là que la nouvelle des événements terribles de Paris arriva jusqu'à nous. Les premiers journaux qui racontèrent les incendies avaient exagéré la grandeur du mal et ce fut avec une douleur véritable que nous lisions leurs épouvantables récits. Nous voyions clairement que c'étaient les mêmes hommes, les mêmes esprits malades qui avaient mis le feu dans Paris et allumé en Algérie la révolte que nous étions en train d'apaiser. Déjà profondément affectés au moral par nos désastres militaires, et aigris par notre séjour forcé en Allemagne, nous pensions, en voyant tant d'horreurs, que la dernière heure de la patrie avait sonné ! C'est une des impressions les plus pénibles que j'aie éprouvées dans cette période de 70-71, si fertile pourtant en douloureuses émotions pour ceux que l'amour de la patrie n'avait pas abandonnés !

Mais ce n'était pas l'heure de se laisser aller au découragement. Une faible partie de la Kabylie était seule soumise, et si nous restions inactifs, les tribus domptées reprendraient la campagne. Dans la nuit du 5 au 6 juin, le général Lallemand donna l'ordre de quitter Tisi-Ouzou, et la colonne, suivie d'un convoi de mulets, éclairée par les spahis, protégée par les flanqueurs, commença hardiment l'ascension des hautes montagnes de la Kabylie. L'attaque eut lieu le jour même aux Beni-Khalifa. Toutes les résistances furent brisées et, le soir, on campait à Imez-d'Athem, au centre du pays insurgé. Le 8, on entra sur le territoire des Beni-Aïssi, où la colonne du général Cérez vint nous rejoindre. La nuit du 10 au 11 fut terrible : malgré des tranchées creusées la veille et des grand'gardes nombreuses, les Arabes ne cessèrent de tirer sur le camp et de nous blesser du monde.

Le 11, un combat sanglant eut lieu à Aguenoun : on fit sauter plusieurs mosquées et on incendia les villages les plus compromis; le but atteint, les Maatkas, les Beni-Khalifa, les Aïssi et autres firent leur soumission, et la colonne, après un long circuit, revint sur Tisi-Ouzou en descendant les montagnes de Bou-Hinoun, dont les habitants se tenaient assis par groupes sur notre passage, tenant au bout d'un bâton la *carta* de soumission.

Tous ces combats avaient coûté la vie à bon nombre de soldats; les cacolets étaient couverts de nos blessés; de plus, je n'ai pas besoin de dire que la chaleur devenait accablante; mais je ne m'arrête pas à ces détails; mon but n'est pas de faire l'historique complet de la campagne, mais d'en indiquer rapidement les phases importantes, afin de pouvoir tirer à la fin la conclusion que je recherche, savoir que nous sommes seuls coupables! Restait à débloquer le fort Napoléon, centre de la révolte dans la Kabylie occidentale. Ce fort est un magnifique ouvrage de fortification bâti sur un mamelon élevé, lequel domine d'épouvantables ravins. Bloqué par de nombreux contingents kabyles dès la fin de mars, il a pu leur résister malgré plusieurs assauts successifs et a rendu ainsi un immense service à notre cause, en permettant d'affirmer continuellement la force et la puissance de la France, jusqu'au centre même du pays révolté.

Ce fort est relié à Alger par une route magnifique de 140 kilomètres, chef-d'œuvre du génie militaire français. Cette route ne présente jusqu'à Tisi-Ouzou. que des pentes très-raisonnables; mais à partir de cet endroit, elle change brusquement de caractère, elle traverse le village de Sik-ou-Meddour et les plateaux étagés du Tack-Sebt, puis elle se déroule le long des montagnes granitiques des

Beni-Ratene. Faisant de nombreux détours, dominée de tous les côtés à la fois, formant l'escargot, elle offre, lorsqu'il faut monter de vive force, des difficultés énormes. Il faut avoir vu les positions qui la dominent pour comprendre combien l'entreprise est ardue.

Chargé, le 2 juin, de faire une simple reconnaissance sur le Tack-Sabt, le colonel F......... avait voulu forcer le passage et montrer au prudent général Lallemand que l'on pouvait monter là-haut sans tant de préliminaires. Alors les tribus des Maatkas, des Aïssi, du Faraoun, de Bou-Hinoun, non encore soumises, vinrent en foule lui barrer le passage, et il ne réussit qu'à faire mutiler sans gloire un bataillon de turcos. Cet excès de zèle lui valut son remplacement; il retourna alors à Alger, se posa en victime et se fit adorer des radicaux du pays, qui l'estimaient déjà beaucoup pour les théories préconçues qu'il apportait dans la guerre contre les Arabes, et dont un seul mot formait la base, le corps et la fin, savoir : tuer, tuer, tuer!!!

Cette fois, toutes les précautions furent prises pour éviter un nouvel échec. Le général Cérez reçut l'ordre de monter au fort par les pentes d'Iguilterry, que Mac-Mahon avait autrefois gravies. Le général Lallemand, avec le convoi, devait prendre la route. L'une et l'autre colonne avaient du canon.

Je n'entrerai pas dans le détail de ce brillant coup de main. Il réussit à merveille et ne nous coûta qu'une soixantaine de blessés, dont plusieurs officiers et quelques morts. Il était temps d'arriver : les vivres manquaient et les Arabes, excités par la voix des marabouts, renouvelaient leurs assauts toutes les nuits. Les Beni-Ratene se soumirent. Restaient les tribus comprises entre le fort et la crête du Djurjura. Après huit jours de repos, la colonne se remit en marche dans la direction d'I-Shriden, où les Kabyles s'étaient réunis au nombre de huit mille. Plus de route, rien que des sentiers à peine frayés. On parvint cependant à traîner une mitrailleuse et deux pièces de 4 de campagne. Les Arabes avaient construit une tranchée de plus de deux kilomètres. Ce fut en vain : l'artillerie les couvrit de projectiles ; la cavalerie les prit par derrière, les zouaves de front. Plus de 150 morts restèrent sur le terrain et un grand nombre de blessés rentrèrent dans leurs tribus pour y mourir.

Ce fut un coup de foudre pour la contrée révoltée. C'était en ce même endroit d'I-Shriden que Randon avait été entouré et obligé de battre en retraite. Les Arabes avaient espéré, mais en vain, un résultat analogue.

Deux jours après, le 27 juin, le Caïd Ben-Ali-Chériff vint se rendre à nous, au camp d'Aït-Aichem, près du Souck-el-Sebt-Beni-Yahia. La révolte était brisée à jamais. Le général Lallemand transporta alors son camp à Temesguida, près de Tisi-Bouïram, en face du grand col de Tirourda, qui traverse le Djurjura et donne accès à la vallée de l'Oued-Sebaou, dans la vallée de l'Oued-Sahel. Il y demeura quinze jours. Pendant ce temps, ce ne fut dans le camp qu'une longue procession de chefs venant offrir leur soumission ou de serviteurs portant sur leurs mulets les sacs contenant les pièces d'argent de la rançon de guerre. Pour toutes ces opérations, Ali s'était officieusement constitué le chef du bureau politique de la colonne.

Un jour, le 15 juillet, on aperçut, du camp, sur la cime du Djurjura, un mouvement inaccoutumé. C'était Bou-Mezrag, le dernier des Mokrani, qui voulait nous fermer le passage du col. Le camp fut levé précipitamment et l'on arriva à temps pour bousculer les cavaliers ennemis, qui furent rejetés sur le bordj des Beni-Mansour. Le camp fut établi sur la cime extrême du Djurjura, où nous reçûmes encore la soumission définitive des Beni-Melli-Keuchs. Le 18, nous redescendîmes les pentes opposées de la montagne, et, le soir, nous campions à Aïn-Timeltit, sur les bords mêmes de l'Oued-Sahel.

En face de nous, de l'autre côté du fleuve, se dressaient les montagnes des Beni-Abbés, où Bou-Mezrag s'était retiré. Le général Lallemand conçut l'audacieuse pensée de l'y poursuivre. Du reste, nos derrières étaient assurés par l'arrivée de nouvelles troupes de France, et la présence d'Ali parmi nous assurait, sinon la soumission, du moins la faible résistance des tribus situées sur notre route; Ali ne devait cesser, du reste, de s'employer pour obtenir ce résultat.

La colonne gravit donc résolûment ces montagnes élevées, et passa auprès des ruines déjà anciennes de bordj Tasmalt et des ruines encore fumantes de bordj Boni. En ce dernier lieu, notre arrière-garde fut vivement attaquée par Bou-Mezrag, l'intrépide révolté. Le général Lallemand eut la gloire d'entrer à El-Galla, la cité kabyle, autour de laquelle quelques combats furent livrés, puis on redescendit dans la vallée en suivant le cours d'un affluent du Sahel, l'Oued-Boudsellam, et la colonne se dirigea vers Bougie, en passant par Sidi-Bouzid, Akbou, Takerid, Taourit-Aït-Ganah. Dans ces différents points, le général reçut la soumission des tribus riveraines. Le caïd Ali ne cessa d'exhorter ses coreligionnaires à se soumettre, en leur expliquant qu'ils avaient été trompés, et que le soff militaire, qui aime et respecte l'indigène, n'était point du tout vaincu en France, comme on l'avait dit lors de la Commune.

Enfin on arrive à 12 kilomètres de Bougie. Ce fut là que le général prit congé de la colonne. Après l'avoir passée en revue dans la plaine brûlée, aussi correctement qu'en plein Paris, il remercia les soldats avec une émotion sincère de leur courage dans les fatigues et dans les combats. Il leur dit que cette petite colonne, qui avait eu trois cents blessés, avait mérité la reconnaissance de la patrie en deuil, pour avoir, sans soutien en arrière et par une chaleur torride, parcouru les montagnes et rétabli partout, au prix de son sang, le drapeau tricolore un instant renversé ! puis il partit. Le lendemain, les bataillons se dispersaient dans tous les sens, et revenaient dans les villes, se reposer enfin de leurs terribles fatigues.

L'Algérie était reconquise, et la France pouvait, du moins, au milieu des tristesses de l'occupation prussienne, ne pas avoir à penser à cette nouvelle douleur. Le caïd Ali retourna tranquillement à Alger. Depuis ce moment, les colonnes volantes des colonels Flogny, Goursault et Louis ont parcouru le pays dans tous les sens. Le général Lacroix a fait pour la Kabylie Orientale ce que le général Lallemand a fait pour la Grande-Kabylie. Son expédition a même été poussée jusqu'aux confins du désert. Les contributions de guerre sont payées et les armes sont versées ; en un mot, «L'ordre règne dans Varsovie !»

Examinons si ce calme est factice ou s'il est sérieux et si ce silence universel qui règne en Algérie, dans la plaine et dans la montagne, n'est pas semblable au silence qui régnait à Praga !

III.

Conclusion.

Tout d'abord, n'hésitons pas à reconnaître une chose, si blessante qu'elle soit pour notre vanité : c'est que cette révolte que l'on fait payer si cher aux malheureux Arabes, elle est de notre fait, tout entière de notre fait ! Il faut être aveuglé par le désir de la popularité pour venir prétendre, comme l'ont fait les députés algériens à la tribune, que la rébellion est dans le sang des Arabes, et que, de quelque sollicitude qu'on les entoure, ils épieront toujours dans l'ombre l'heure bénie où, fidèles enfants de Mahomet, ils pourront tuer le chien, le chrétien !

Non, la civilisation européenne, sans les éblouir il est vrai, a fait sur leur esprit une impression sérieuse. Les chefs principaux, amis des Tuileries, vivant avec nos brillants officiers d'Afrique, avaient perdu, à leur contact, ce fanatisme absolu des premiers jours qui fait les outlaws et les martyrs; non, ils étaient dévoués à la France et il a fallu toute la série des insultes et des menaces dont on les a accablés pour leur mettre une arme à la main ! Aujourd'hui que la révolte est abattue, le jour est venu de faire notre examen de conscience et de nous demander si, envers cette Algérie si belle, nous nous sommes toujours montrés le soldat de Dieu ! Si nous avons toujours eu en vue cette prétendue mission civilisatrice que nos historiens nationaux proclament comme un article de foi. Pour moi, je ne le crois pas : nous avons menti au génie de notre race, généreuse par essence. Nous avons mis le pied sur la poitrine de ces vaincus et nous avons appuyé de tout notre poids : l'épée de Brennus a été mise dans la balance, et cela, non par les braves et valeureux soldats qui, depuis 1830 jusqu'aujourd'hui, n'ont cessé de combattre loyalement et en face, lions pendant les combats, agneaux pendant la paix, mais par cette cohorte impure de gens sans nationalité, sans aveu, sans patrie, sans famille et sans cœur qui se sont abattus sur notre colonie pour s'enrichir à tout prix ! Dieu me garde de parler en ce moment des colons honnêtes et sérieux, parmi lesquels je compte tant d'amis : ceux-là savent bien eux-mêmes de quelles gens je veux parler et à quels casiers judiciaires j'ai pris mes renseignements !

Que de fois ne nous est-il pas arrivé d'être profondément écœurés en entendant le langage des marchands ou des colons maltais du pays Pour sauver une pièce de vin, pour gagner un franc, ces gens feraient fusiller dix indigènes, et quand, le lendemain d'un combat sanglant, (alors que la tribu avait fait sa soumission) nous pouvions causer avec ces Arabes graves, sérieux, qui venaient vendre aux soldats des poules ou des fruits, je vous jure que la comparaison n'était pas à l'avantage des hommes dont j'ai parlé plus haut : d'un côté, une écume sans couleur, et de l'autre un peuple encore vigoureux et sain au moral comme au physique. Je suis heureux du renfort sérieux que les familles alsaciennes et lorraines vont donner à la partie honnête et pure de la population ! Mais ce n'est là qu'un dérivatif, car le problème de la colonisation ne tient pas tant à la nature et au nombre des colons que l'on versera en Algérie, qu'à l'intelligente organisation du pays lui-même, et à l'utilisation de l'élément indigène.

Loin d'entrer dans cette voie, l'Assemblée nationale a été sur le point, ces jours derniers, de fermer l'entrée des Conseils généraux aux chefs musulmans! L'on frémit quand on ne voit pas repousser à l'unanimité absolue des propositions aussi insensées!

Mais je quitte ce sujet délicat pour revenir à la question plus restreinte de l'insurrection. Je quitte ce sujet d'autant plus volontiers que je n'ai pas en moi, hélas! le remède absolu qui pourrait tirer l'Algérie de la crise qu'elle traverse. Je me contente de dénoncer mon pays à lui-même et de lui crier qu'il devient inhumain lorsqu'il emploie envers les Arabes des moyens de répression dont il pourrait pourtant apprécier, par les douleurs patriotiques qu'il ressent d'autre part, toute l'amertume et toute la cruauté!

Je disais en commençant que nos fautes seules avaient amené la révolte. Il me souvient, à ce sujet, d'une conversation bien curieuse dont je fus le témoin autrefois et dont les mots mêmes sont en partie gravés dans mon souvenir. C'était en pleine expédition. Nous étions campés près d'Aït-Aichem, en face des cimes grisâtres du Djurjura. Le caïd Ali était dans le camp depuis deux jours : il venait de se rendre volontairement au général Lallemand.

Je le vois encore se promenant au milieu de

nous, avec son long burnous en laine de Tunis et sa coiffure en poil de chameau : il portait au cou la croix de commandeur de la Légion d'honneur ; sa main était blanche, son regard fin et voilé, sa prestance admirable : il portait en un mot, sur toute sa personne, les signes indiscutables de l'intelligence et de la distinction.

Vers le soir, il se rendit dans la tente du commandant L.... sous l'autorité duquel il avait jadis été placé dans les bureaux arabes. Il s'assit près de lui, lui baisa la main, et, comme ce dernier lui reprochait de s'être révolté, lui que l'Empereur avait nommé bach-Aga du Sébaou et honoré de son amitié personnelle, il lui répondit en ces termes : « Jamais nous « n'aurions provoqué la révolte au moment « de la guerre de ton pays avec la Prusse ; « n'avons-nous pas au contraire envoyé tous « les fils de nos tribus combattre en Europe ? « Le traité de paix conclu jadis avec la France « nous a semblé sacré tant que l'on a respecté « notre honneur et nos biens. Ta patrie est « généreuse et nous respectons ses enfants, qui « sont courageux dans les fatigues et dans le « combat. Mais nous redoutons beaucoup le « soff civil, celui qui inspire les journaux des « grandes villes. Depuis le commencement du

« gouvernement qui a succédé à celui de l'Em-
« pereur, ces journaux mauvais (allusion à la
« presse *ultra*-radicale d'Algérie) ne parlent
« que de nous déposséder, de prendre nos ter-
« rains, de nous chasser des conseils et de
« nous rejeter dans le désert; ils parlent même
« de nous prendre ces fertiles montagnes où
« nos pères sont nés, où nos ancêtres ré-
« gnaient en maîtres, où nos humbles vil-
« lages ayant pour tout ornement la mos-
« quée blanche, s'élèvent au sommet des
« collines et où nos fils pratiquent la loi
« sainte de Mahomet en cultivant le blé, la
« figue et l'olive.

« Puis, tu sais combien on a blessé notre
« honneur en élevant les Judi (Juifs) au rang
« de citoyens français, alors que nous, vos
« frères d'armes, vos compagnons du champ
« de bataille, nous étions encore une caste su-
« balterne et comme méprisée.

« Tant que le soff militaire a été puissant,
« nous avons eu confiance, parce que les chefs
« et les soldats de ton armée se font un devoir
« de respecter nos mœurs, de ne pas péné-
« trer dans les villages, d'être polis et doux,
« et de nous laisser vivre en paix sous la con-
« duite de nos chefs naturels qui payent exac-
« tement l'impôt de la tribu.

« Puis, soudain, nous avons appris un jour « qu'en France le soff civil avait définitivement écrasé et vaincu le soff militaire, (c'est « ainsi qu'Ali expliquait les premiers événements de la Commune); nous avons vu, ici « même, les journaux vous insulter tous les « jours, vous, les chefs militaires, et vous ne « répondiez rien à leurs attaques; alors, effrayés, humiliés, craignant de voir arriver la « domination de ces hommes qui ne veulent « que notre ruine et notre extermination, nous « avons pris les armes! Aujourd'hui, nous retrouvons encore des soldats, le soff militaire « triomphe; nous revenons à vous avec plaisir, « et comme avec joie » (et il prenait la main du commandant pour l'embrasser). Puis il sortit de la tente.

Eh bien, le caïd avait raison, et ce n'est pas sans déplorer l'aveuglement de nos gouvernants que nous avons entendu cette déduction si claire et si logique! Oui, ce sont la Commune et la presse ultra-radicale, ces deux sœurs jumelles, jointes au philosophisme de M. Crémieux, qui ont appris de nouveau aux Arabes le cri de révolte que l'Empereur leur avait presque fait oublier!

Je ne crois pas qu'il soit possible de rappeler le décret relatif aux Juifs, mais, je crois, en revanche, qu'il est possible d'être plus humain envers les indigènes. Si jamais l'Alsace se révoltait pour retrouver sa nationalité perdue et si, malgré nos efforts, elle retombait sous le joug que vous connaissez, vous n'auriez pas assez de haine, de colère contre les vainqueurs, s'ils confisquaient les biens des vaincus pour les donner à leurs compatriotes : le séquestre arbitraire que l'on pratique envers les Arabes n'est pas autre chose. Toutes les différences qui existent dans la nature de la propriété, dans le *mode de posséder* n'infirment pas le principe ! Soyons Français, c'est-à-dire généreux : ne poursuivons pas de nos haines des hommes comme Ali-Chériff, que nos maladresses et nos fautes seules ont conduit à la révolte, et auxquels nous devons tant, (comme on l'a vu) dans l'œuvre de la soumission des révoltés ! Surtout n'appliquons pas au midi des mesures violentes et arbitraires que nous flétrissons quand elles viennent du nord !

J'en appelle à tous ceux qui connaissent les Arabes et qui les aiment : j'entends leur voix qui se joint à la mienne pour crier au gouvernement : « Assez de persécutions pour des fautes qui sont notre œuvre. »

Paris, février 1873.

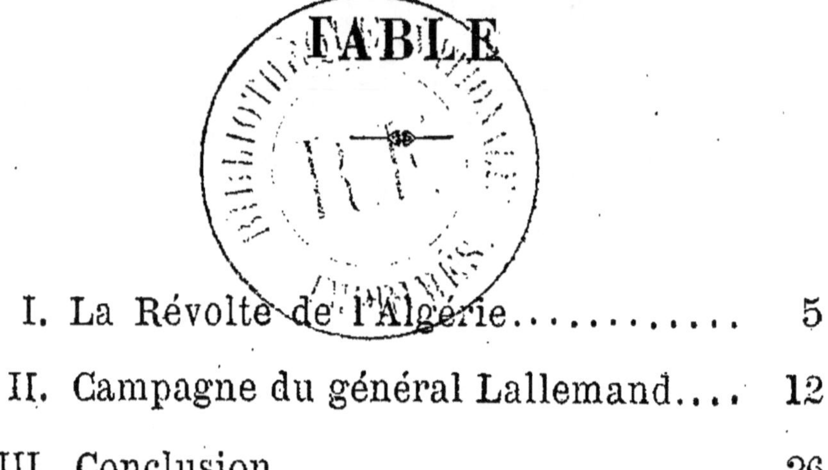

TABLE

Paris. — Imp. de Dubuisson et Ce, rue Coq-Héron, 5. 3515.

Paris. — Imp. Dubuisson et Cᵉ, rue Coq-Héron, 5.

www.ingramcontent.com/pod-product-compliance
Lightning Source LLC
LaVergne TN
LVHW020252230826
846091LV00006B/2363
* 9 7 8 2 0 1 2 9 3 7 3 1 4 *